Einsterns Schwester

Themenheft 2
Richtig schreiben

Herausgegeben von
Roland Bauer
Jutta Maurach

Erarbeitet von
Ulrike Schmucker, Schrobenhausen

Auf der Grundlage der Ausgabe von
Katrin Baudendistel
Daniela Dreier
Alexandra Schwaighofer

Cornelsen

Inhaltsverzeichnis

So kannst du mit den Heften arbeiten

Du machst alle
Seiten der Lernportion 1.

Zuerst im grünen Heft.

Dann im roten Heft.

Dann im gelben Heft.

Und dann im blauen Heft.

Danach machst du in
allen Heften die Lernportion 2.

Nun machst du in
allen Heften die Lernportion 3.

Genauso bearbeitest du
alle anderen Lernportionen.

1

Wörter und Silbenbögen zuordnen

1

1 Silben schwingen

Silbenschwingen hilft mir beim richtigen Schreiben:
Ast, Tante.

1

2 Schreibe die Lernwörter in dein Heft.
Zeichne die Silbenbögen ein.

H. 2, S. 6, 2
die Tomate, ...

die Tomate
die Tante
der Löwe
die Tasche
das Gemüse

1 Vokale kennen lernen

a e i o u sind **Vokale**.
ä ö ü sind auch Vokale. Man nennt sie **Umlaute**.

1

2 Schreibe die Wörter in dein Heft.
Ergänze die Vokale **a**, **e**, **i**, **o** und **u** farbig.
Zeichne die Silbenbögen ein.

 ★nt★	 H★s★	 T★l★f★n
 R★b★	 Br★t	 W★lf

H. 2, S. 7, 2

Ente, ...

die Ente
der Hase
der Rabe
der Wolf
das Telefon
das Brot

1 Silben zusammensetzen

1

2 Setze die Silben zu Wörtern zusammen.
Schreibe die sechs Wörter in dein Heft.
Markiere die Vokale.

Ho	Sche	Schu	Re	Blu	Do
le	re	se	me	se	gen

H. 2, S. 8, 2

die Hose, ...

die Blume
der Regen
die Hose
die Schere
die Dose
die Schule

1 Ein Silbenspiel spielen

1 **Du brauchst:** Spielsteine, einen Würfel

Spielanleitung: Suche dir ein Partnerkind. Würfle und ziehe auf das Tier, das dieselbe Silbenanzahl hat wie die Augenzahl auf deinem Würfel. Bei ⚅ ziehe auf das nächste JOKER-Feld und befolge die Anweisung.

	Start	Wal	Wellensittich	Affe
				JOKER 1 x aussetzen
JOKER 1 Feld vor	Kuh	Krokodil	Marienkäfer	Jaguar
Vogelspinne				
Nashorn	Kaiserpinguin	Salamander	Hase	JOKER 1 Feld zurück
				Bär
Papagei	Dalmatiner	Fisch	Rotkehlchen	Zitronenfalter
JOKER noch einmal würfeln				
Dinosaurier	Tiger	Chamäleon	Maus	Mit einer 1 ⚀ bist du im Ziel.

1 Wörter mit -el zusammensetzen

In jeder Silbe sitzt ein Vokal: **a**, **e**, **i**, **o** oder **u**.
Oder ein Umlaut: **ä**, **ö**, **ü**.

1

2 Setze die Silben zusammen.
Markiere die Vokale.

Him	Hum	Schim	Man	Sat	Schach

mel	tel

H. 2, S. 10, 2
Himmel, ...

der Esel
die Gabel
die Nadel
der Nebel
der Onkel
der Pinsel

1 Wörter mit -er zusammensetzen

1 Setze die Silben zusammen.
Markiere die Vokale.

Schwes- | Wun- | Bru- | Fens- | Win- | -ter | -der | Kin- | Kalen- | Wet- | Toch-

H. 2, S. 11, 1

Schwester, …

2 Schreibe die Lernwörter.
Markiere die Endung **-er**.

3 Finde eigene Wörter zu den Endungen **-ber** und **-ler**.

H. 2, S. 11, 3

Füller, September, …

der Bruder
die Schwester
das Fenster
der Winter
die Feder

→ AH Seite 8

1 Wörter mit -en zusammensetzen

1 Setze die Wörter mit **-en** zusammen.
Schreibe sie in dein Heft. Markiere die Vokale.

Dra	Ku	Schlit	Kno	Re
	chen	ten	gen	

H. 2, S. 12, 1
Drachen, ...

2 Schreibe die Lernwörter in dein Heft.
Zeichne die Silbenbögen ein. Markiere die Vokale.

H. 2, S. 12, 2
finden, ...

finden
suchen
rufen
hören
haben
holen
reden

3 Suche dir ein Partnerkind. Lest, was Lola sagt.
Erklärt Lola, warum die Silben ihr beim Schreiben helfen. Die Tafel auf Seite 10 hilft euch.

1 Wörter mit versteckten r untersuchen

1 Lies die Wörter auf den Karten laut.
Überlege, welchen Buchstaben du beim Sprechen verschluckst.

Partner	gestern	dürfen	Stern	turnen

2 In manchen Wörtern hörst du das **r** nicht.
Schreibe die Lernwörter und markiere das **r** und den Vokal davor.

3 Schreibe die Wörter aus den Sprechblasen richtig.
Zeichne die Silbenbögen ein.
Die Wörter im Lernwörter-Kasten helfen dir.

H. 2, S. 13, 3

Birne, ...

turnen
die Birne
der Garten
das Wort
schwarz
der Stern
die Wurzel
dürfen, er darf
lernen, sie lernt

1 Reimwörter finden

1 Schreibe die Reimwörter zu den passenden Vokalen.
Zeichne die Silbenbögen ein.

a e e	o	a e	u e

Topf	Tanne	Rakete	Butter
Tapete	Futter	Kanne	Knopf

H. 2, S. 14, 1
a e e: Rakete, …
o: …
a e: …
u e: …

2

→ AH Seite 9

2 Den Zwielaut Au/au untersuchen

Weil **au** aus zwei Lauten besteht, ist **au** ein **Zwielaut**: Baum, Auge.
Andere Zwielaute sind **ei** und **eu**: Kleid, Zeugnis.

1

2 In jeder Zeile gibt es zwei Wörter, die sich reimen.
Schreibe sie auf.

a)	blau	sauer	Laune	Traum	Frau
b)			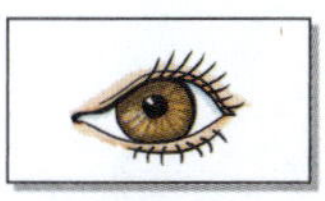		
c)	Laube		laut		Taube
d)		Haut	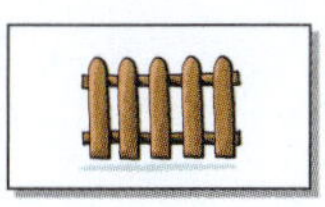	Trauer	

H. 2, S. 15, 2
a) blau – Frau
b) ...

die Frau
das Auge
das Auto
blau
braun
die Raupe
brauchen

2 Den Zwielaut Ei/ei untersuchen

❶ Schreibe das passende Wort und unterstreiche den Zwielaut **Ei** und **ei**.

H. 2, S. 16, 1
Kl<u>ei</u>d, ...

K l ei d	z w ei	
Sch w ei n	B ei n	L ei t e r
Ei e r m	S ei e f	l e ei s
e r Ei	Z ei t	s r e ei n

❷

die Zeit
reisen
zwei
das Eis
das Ei, die Eier
die Seife
klein
fein
leise

2 Den Zwielaut Eu/eu untersuchen

1 Setze **eu** richtig ein.
Schreibe nur die **eu**-Wörter auf.

H. 2, S. 17, 1
teuer, …

t★er D★men s★ber ★ro

n★ Sch★fel L★te k★fen

★le Fr★ndin

2 Suche dir einen Lesepartner.
Lest euch den Text Satz für Satz gegenseitig vor.
Setzt die Wörter passend ein.

neugierig	Freunde	freuen	heute	neuen

Der neue Schüler

Die 2b soll A einen B Schüler bekommen.
Alle sind C: Ist es ein Mädchen oder ein Junge?
Frau Reuter betritt mit einem Mädchen die Klasse.
„Das ist Lara, ihr werdet bestimmt bald D werden“, sagt die Lehrerin.
Die anderen Mädchen E sich.
Endlich können sie eine komplette Fußballmannschaft gegen die Jungen aufstellen!

3 Schreibe die eingesetzten Wörter auf.

H. 2, S. 17, 3
A: heute, B: …

der Freund, die Freunde — die Leute
neu — der Euro

2 Wörter mit verschiedenen Zwielauten schreiben

1

⚀	Papa	tut weh.	⚀
⚁	Lisas Beule	ist neunzig Jahre alt.	⚁
⚂	Ulis Oma	und Tim kaufen ein.	⚂
⚃	Imo	frisst eine Banane.	⚃
⚄	Der Lehrer	will keine Leine tragen.	⚄
⚅	Der kleine Affe	teilt Zeugnisse aus.	⚅

2 Schreibe die passenden Sätze auf.
Unterstreiche die Zwielaute **au**, **ei** und **eu**.

H. 2, S. 18, 2
Papa und Tim kaufen ein.
...

2

Den Laut ch untersuchen

So schreibe ich Wörter ab:
1. Ich lese jedes Wort.
2. Ich spreche das Wort in Silben.
3. Ich merke mir jede einzelne Silbe.
4. Ich schreibe das Wort Silbe für Silbe auf.
5. Ich vergleiche das Wort genau mit der Vorlage.

1 Schreibe die Wörter ab. Markiere **ch**.

Gesicht | machen | suchen | hoch

Buch | leicht | Bach | Dach

H. 2, S. 19, 1
Gesicht, …

2

mich Sachen
Gedicht schwach
Licht kichern
machen Drachen
lachen

3 Suche dir ein Partnerkind.
Überlegt, um welche Spalte die Tabelle von 2 ergänzt werden muss, damit die Wörter **suchen** oder **Tuch** eingeordnet werden können.

4 Suche dir mit deinem Partnerkind weitere Kinder.
Füllt die Tabelle von 2 mit weiteren Wörtern mit **-uch** auf.

die Woche
suchen
hoch
machen
leicht
das Buch

2 Wörter mit sch schreiben

❶ Setze **sch** ein.
Schreibe die Wörter in dein Heft.
Unterstreiche **sch**.
Zeichne die Silbenbögen ein.

H. 2, S. 20, 1
kuscheln, ...

ku★eln weg★auen ★neiden wün★en

fri★ aus★alten ★lafen ★einen ★ön

❷ Schreibe die Wörter mit **Sch** und **sch** in dein Heft.
Setze die passenden Artikel vor die Wörter.
Unterstreiche **Sch** und **sch**.

H. 2, S. 20, 2
die Schule, ...

das Schaf
der Tisch
schneiden
scheinen
frisch
wünschen
schön

→ AH Seite 14

2 Wörter mit ng und nk schreiben

❶ Setze die Silben zu Wörtern zusammen.
Unterstreiche **ng** und **nk**.

H. 2, S. 21, 1
Junge, ...

Jun	Fin	brin	dun	trin	An

gel	ken	ger	ge	kel	gen

❷ Suche dir einen Lesepartner.
Lest euch den Text Satz für Satz gegenseitig vor.
Setzt dabei die richtigen Wörter ein.

Ring	Junge	Bank	hängen	krank	Finger

Tims Mama muss zum Arzt

Tims Mama ist mit dem Ärmel A geblieben und hat sich den B in der Schranktür eingeklemmt. Nun ist er ganz blau und so dick, dass Mama ihren C gar nicht mehr herunter bekommt. Tim begleitet Mama zum Arzt. Bis sie an der Reihe sind, setzen sie sich auf die D im Wartezimmer. Dort warten noch andere Leute, die auch E sind. Endlich werden sie ins Sprechzimmer gerufen. Der F ist ganz aufgeregt. Ob der Finger gebrochen ist?

❸ Schreibe die eingesetzten Wörter in der richtigen Reihenfolge auf.
Unterstreiche **ng** und **nk**.

H. 2, S. 21, 3
A: hängen
B: ...

die Bank
der Junge
krank
dunkel

eng
der Ring
trinken

→ AH Seite 15

3 Wörter mit sp und st untersuchen

1 Setze **Sp/sp** und **St/st** richtig ein.
Schreibe nur die Wörter mit **Sp/sp**.
Unterstreiche **Sp/sp**.

H. 2, S. 22, 1
die Spinne, …

Sp oder **St**?

die ★inne der ★ein

der ★iefel der ★ort das ★iel

der ★urm der ★undenplan

sch oder **sp/st**?

★rechen ★reiten ★aren ★ringen

★ehlen ★ielen ★oßen ★ucken

2 Schreibe Sätze mit vielen
Sp/sp- und **St/st**-Wörtern.

H. 2, S. 22, 2
…

3 Suche dir ein Partnerkind.
Sortiert die Wörter in eine Tabelle.

Spatz	Specht	Storch
Mist	basteln	Kiste
Kasperle	Stunde	knuspern

H. 2, S. 22, 3

Ich höre schp/scht	Ich höre s-p, s-t
…	…

der Sport
die Stunde
spielen, er spielt
sprechen, sie spricht
sparen
der Stein

3 Zum sp/st knobeln

1

2 Löse die Silbenrätsel.
Erkläre einem anderen Kind, was die Wörter bedeuten oder male sie.

stie	fel	Stink	
on	Sta	di	
Spi	le	ra	
la	ne	Stein	wi

H. 2, S. 23, 2
Stinkstiefel: ein schlecht gelaunter Mensch
…

Morgens bin ich auch manchmal ein Stinkstiefel.

3 Erfinde ein eigenes Silbenrätsel.
Lasse es von einem Partnerkind lösen.
Erklärt, was die Wörter bedeuten.

3 Wörter mit pf schreiben

1 Schreibe die Wörter richtig in dein Heft.
Unterstreiche **Pf** und **pf**.

H. 2, S. 24, 1
Pferd, ...

erd au To eife

Ael ote kämen lanze legen

2 Suche dir ein Partnerkind.
Stellt euch abwechselnd die Rätsel.

Kopfball	Pferd	hüpfen	Pfosten	Pfeffer	tapfer

Wenn man beim Fußball den Ball mit dem Kopf schießt, nennt man das: A .
Ein anderes Wort für springen ist: B .
Den seitlichen Rahmen vom Fußballtor nennt man auch: C .
Ein anderes Wort für mutig ist: D .
Der Reiter sitzt auf einem E .
Speisen würzt man mit Salz und F .

3 Finde selbst Wörter mit **Pf** und **pf**.
Schreibe sie in dein Heft.

H. 2, S. 24, 3
Pfütze, ...

4

der Apfel
das Pferd, die Pferde
die Pflanze
der Kopf

3 Wörter mit v untersuchen

1 Sortiere alle Wörter mit **V/v** wie in 
und alle Wörter mit **V/v** wie in .
Sortiere die Wörter im Kasten.

Vogel
Vampir
vier
viel
Vase
Pullover
Vater
voll
Vulkan
vor
Kurve

H. 2, S. 25, 1

V hört sich wie f an:	V hört sich wie w an:
Vogel	Vampir
...	...

2 Fülle die Tabelle mit eigenen V-Wörtern auf.

3

der Vogel
der Vater
die Vase
viel
vor

→ AH Seite 22

3 Lernwörter gemeinsam üben

So schreibe ich ein Partnerdiktat:
1. Ich diktiere einem anderen Kind langsam und deutlich jedes Wort.
2. Danach kontrollieren wir gemeinsam.
3. Zum Schluss tauschen wir die Rollen.

1 Schreibe die Lernwörter mit Silbenbögen auf.
Vergleiche mit deinem Partnerkind.

H. 2, S. 26, 1
grün, …

2 Überlege dir einen Satz zu jedem Lernwort.
Diktiere den Satz einem Partnerkind.
Ihr könnt auch am Computer schreiben.

3

grün
das Mädchen
der Partner
warten
arbeiten
die Blüte
antworten

4 Ein ABC-Gedicht kennen lernen

So schreibe ich Sätze ab:
1. Ich lese den Satz genau.
2. Ich schreibe ihn Wort für Wort ab.
3. Ich vergleiche den Satz genau mit der Vorlage.

1 Lies das rote und das grüne ABC-Gedicht.
Schreibe das Gedicht auf, das dir besser gefällt.
Lies es dann einem anderen Kind vor.

H. 2, S. 27, 1
ABCDEFG – Ein ...

A B C D E F G	rot	Ein Häschen spielt im kalten Schnee.
	grün	Ein Kater fährt durch Schnee.
H I J K L M N O P	rot	Jetzt niest es und sein Hals tut weh.
	grün	Auf einem Schlitten. Doch oh weh!
Qu R S T U V W	rot	Papa-Hase sagt: „Trink viel heißen Tee!
	grün	Er ist zu schnell und ruft: „Los steh!“
X, Y und Z	rot	Und leg dich gleich ins warme Bett.“
	grün	So laut, da wacht er auf und ist im Bett.

4 Ein ABC-Gedicht lesen und erfinden

1 Suche dir ein Partnerkind.
Lest euch gegenseitig das Gedicht vor
und setzt die Wörter ein.

A B C D E F G

Tun denn Hausaufgaben ?

H I J K L M N O P

Auf meinem Pudding tanzt ’ne .

Qu R S T U V W

Haben Flöhe einen ?

X Y und Z

Oh Schreck, ein Elefant in meinem !

2

→ AH Seite 29

4 Vokale und Konsonanten kennen lernen

Die Buchstaben, die beim Sprechen alleine klingen,
heißen **Vokale**: a, e, i, o, u.
Die anderen Buchstaben heißen **Konsonanten**.

1

2 Schreibe alle Wörter auf,
die mit einem Vokal anfangen.

H. 2, S. 29, 2
aber, Amsel, ...

aber	Amsel	ein	
Eltern	Igel	immer	alt
Ohr	Ostern	Ameise	Oma
Bauch	Opa	flüssig	Frucht
Hals	Hecke	Herr	
Salz	Ende	Wasser	
Wetter	Wiese	Wurzel	

die Oma
der Opa
die Ameise
die Aufgabe

→ AH Seite 30

4 Wörter verwandeln

1 Schreibe die Wörter in dein Heft.
Markiere die verwandelten Vokale farbig.

H. 2, S. 30, 1
Hase – Hose
Kegel – ...

2

Vokale erkennen

1 Im rechten Bild fehlen sechs Dinge.
Schreibe sie mit Artikel in dein Heft.
Unterstreiche die Vokale.

H. 2, S. 31, 1
1. das Tuch, 2. ...

Tuch	Wolke	Fisch	Segel	Gold
Affe	Kette	Hund	Knochen	Messer

2 Ergänze die Vokale **a**, **e**, **i**, **o**, **u** in den Wörtern
und schreibe die Wörter auf.

H. 2, S. 31, 2
a) Piraten, b) ...

Piraten

a) Seht her, Pir_ten sind wir!
b) Und nun schnell, dein G_ld gib mir!
c) Wir sind wild _nd laut,
d) bei uns wird alles g_klaut.
e) So s_nd wir Piraten-Leute,
f) lauern immer auf f_tte Beute.
g) K_mmt ruhig her, wenn ihr euch traut!
h) Und es euch vor Pirat_n nicht graut!

5 Nach dem ersten Buchstaben ordnen

1

2 Schreibe die Namen der Kinder nach dem ABC geordnet in dein Heft.

H. 2, S. 32, 2
a) Benjamin, David,
Johanna
b) Marie, ...

a)

b)

c)

d)

3 Schreibe mit einem Partnerkind die Namen deiner Klasse geordnet in dein Heft.

H. 2, S. 32, 3
...

→ AH Seite 35

5 Nach dem zweiten Buchstaben ordnen

1 Vergleiche, wie die Kinder die Wörter ordnen.
Besprich mit einem Partnerkind, was dir auffällt.

2 Entwickelt in der Gruppe einen Merksatz, wie ihr Wörter mit dem gleichen Anfangsbuchstaben weiter ordnet.

H. 2, S. 33, 2
...

3 Ordne die Wörter nach dem ABC.
Achte auf den zweiten Buchstaben.
Unterstreiche ihn.

H. 2, S. 33, 3
Herd, ...

Hut	Wasser	Kind
Herd	Wolke	Himmel
Windel	Klasse	
Kiste		

das Kind
die Klasse
die Kiste
der Himmel
die Wolke
das Wasser

→ AH Seite 36

5 Das ABC und das Sortieren weiter üben

1 Schreibe die Buchstabenreihen vollständig auf.

H. 2, S. 34, 1
ABC, …

2 Ordne nach dem ABC.

H. 2, S. 34, 2
a) Handschuhe, …
b) …

a)

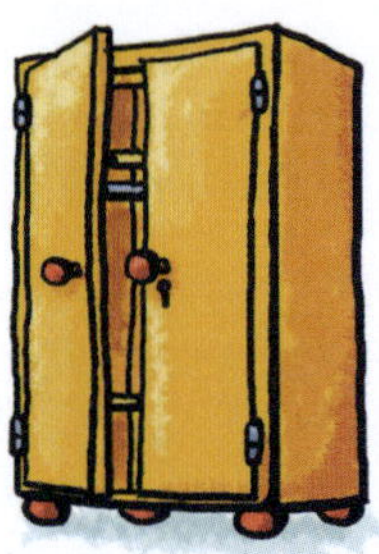

Mantel ✶ Schal ✶

Hose ✶ Rock ✶ Hemd ✶

Handschuhe

b)

Schokolade ✶ Lutscher ✶

Mandeln ✶ Mohnkuchen ✶

Kekse ✶ Lebkuchen

Mit der Wörterliste umgehen

1

2 Suche die Wörter in der Wörterliste
und schreibe sie in dein Heft.

H. 2, S. 35, 2
a) das Salz, b) ...

Wie heißt

a) das zweite Wort beim Buchstaben S?

b) das zweite Wort beim Buchstaben T?

c) das dritte Wort beim Buchstaben B?

d) das dritte Wort beim Buchstaben R?

e) das zweite Wort, das mit Sch/sch anfängt?

f) das Wort, das in der Wörterliste
mit bö anfängt?

g) das Wort, das in der Wörterliste
mit ma anfängt?

böse	baden
das Salz	der Tag
rechnen	malen

der **Roller,** die Roller
rot
rufen, sie ruft

S s

sagen, er sagt
das **Salz**
der **Satz,** die Sätze
das **Schaf,** die Schafe

5 In der Wörterliste nachschlagen

1 Probiere wie die Kinder verschiedene Möglichkeiten aus.

2 Suche dir ein Partnerkind. Jeder von euch schlägt das Wort **Tiger** nach. Stoppt eure Zeit.

3 Erkläre anderen Kindern, welcher Weg dir am besten gefällt. Begründe.

4 Suche die Wörter in der Wörterliste und schreibe sie in dein Heft.

H. 2, S. 36, 4
Schuh, ...

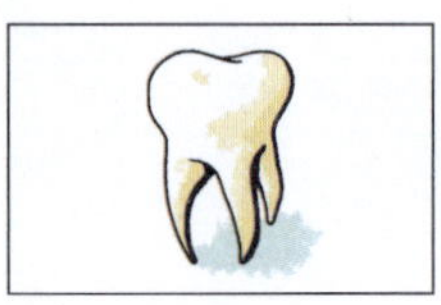

→ AH Seite 37

6 Lange und kurze Vokale unterscheiden

1

2 Sucht euch andere Kinder. Erklärt in der Gruppe, wie ihr in 1 vorgegangen seid.

3 Schreibe die Lernwörter in dein Heft. Lege eine Tabelle an.

H. 2, S. 37, 3

langer Vokal	kurzer Vokal
...	das Ende
...	...

4 Ergänze die Tabelle mit eigenen Wörtern.

der Name	rot	tun
das Ende	bunt	der Füller

6 Wörter mit ie kennen lernen

Ein **lang gesprochenes i** am Ende einer Silbe wird fast immer **ie** geschrieben:
Diener, Liebe, Tiere.

1 Schreibe die Wörter mit Silbenbögen in dein Heft. Unterstreiche **ie**.

H. 2, S. 38, 1
Zwiebel, ...

Zw★bel	l★ben	Fl★ge
Br★fe	W★se	Z★ge

2 Löse die Rätsel. Zeichne die Silbenbögen ein.

H. 2, S. 38, 2
a) Riese
b) ...

Riese	Bienen	Wiege	sieben

a) Er ist riesengroß und hat riesige Füße: ▭

b) Das Baby liegt in der ▭.

c) Sie machen Honig und haben einen Stachel: ▭

d) So viele Zwerge hat Schneewittchen: ▭

3 Schreibe ein eigenes **ie**-Rätsel. Lies es einem anderen Kind vor.

die Biene
lieben
liegen
die Wiese
die Ziege
sieben

→ AH Seite 43

6 Den doppelten Konsonanten kennen lernen

Nach einem kurzen Vokal stehen zwei Konsonanten: das Ende, bunt.
Ist nur ein Konsonant zu hören, musst du verdoppeln: Zimmer, Kissen.

1 Löse die Schreibtabellen-Rätsel.
Schreibe die passenden Reimwörter
mit Silbenbögen in dein Heft.

H. 2, S. 39, 1
a) Schimmer – Zimmer
b) ...

a) Schimmer 

b) wissen 

c) rollen 

d) Suppe 

2 Suche dir ein Partnerkind. Lest die Wörter laut.
Schreibt die Wortreihen mit Silbenbögen ab.
Ergänzt fehlende Silbenbögen.

H. 2, S. 39, 2
Soße, Sorte, Sonne, ...

Soße	Sorte	Sonne	sollen
müde	Muskel	müssen	Mutter
Brote	rosten	rollen	wollen
Schale	Schalter	schallen	alle

können
müssen
die Sonne
rollen
wollen
die Mutter
alle
sollen

→ AH Seite 44

6 Wörter mit doppelten Konsonanten üben

1

2 Suche die Wörter mit doppeltem Konsonanten.
Schreibe die Lösungsbuchstaben auf.

H. 2, S. 40, 2
K ...

Schal O	→	Hammer K	→	Suppe L	→	Boot T	→	Pappe A
								↓
Himmel E	←	Meter R	←	Tanne S	←	Ratte S	←	Mode Z

3 Löse die Geheimschrift.
Schreibe die Wörter in dein Heft.

H. 2, S. 40, 3
a) Lamm, b) ...

a) 

b) 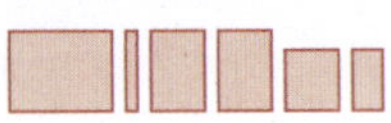

c) 

d) 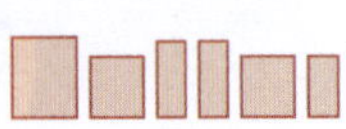

Schmetterling

Lamm

Widder

Natter

7 Nomen mit ä und äu ableiten

Ableiten
Ich schreibe ein Wort mit dem Umlaut **ä** oder dem Zwielaut **äu**, wenn ich es von einem Wort mit **a** oder **au** ableiten kann:
Hände – Hand, Mäuse – Maus.

1 Schreibe auf, was du im Bild siehst. Schreibe zu jedem Wort in der Einzahl das passende Mehrzahlwort.

H. 2, S. 41, 1
Baum – Bäume
...

der ☆pfel das D☆ch
die M☆s das H☆s der Z☆n
der B☆m das Gr☆s

der Apfel, die Äpfel
der Baum, die Bäume
das Gras, die Gräser
das Haus, die Häuser
die Maus, die Mäuse

→ AH Seite 50

7 Nomen und Verben ableiten

① Besprecht euch. Sortiert gemeinsam nach Wörtern mit **eu** und Wörtern mit **äu**.

② Suche selbst nach weiteren **eu**- und **äu**-Wörtern.

H. 2, S. 42, 2
Wörter mit eu: Euros, ...
Wörter mit äu: ...

③ Schreibe das Verb mit er, sie oder es auf.

tragen	braten
schlafen	laufen
halten	graben
fangen	waschen

H. 2, S. 42, 3
schlafen: er schläft,
laufen: ...

laufen, er läuft
schlafen, sie schläft

→ AH Seite 51

7 Nomen verlängern

Verlängern
Manchmal hören sich **d** und **t** am Wortende gleich an.
Auch **g** und **k** oder **b** und **p** hören sich manchmal am Ende des Wortes gleich an. Wenn ich sie verlängere, höre ich, welchen Buchstaben ich schreiben muss:
Hund – Hunde, Brot – Brote,
Weg – Wege, Bank – Bänke,
Typ – Typen, Stab – Stäbe.

1 Verlängere die Wörter und markiere.

H. 2, S. 43, 1
a) das Kind – die Kinder
b) …

		Einzahl		Mehrzahl
a)		das Kin★		die
b)		das Bro★		die
c)		das Klei★		die
d)		der Win★		die
e)		der We★		die
f)		der Ta★		die
g)		das Bil★		die
h)		der Bu★		die

das Kind, die Kinder
das Kleid, die Kleider
der Wind, die Winde
der Tag, die Tage
das Bild, die Bilder
der Weg, die Wege
der Hund, die Hunde
der Bub, die Buben

Verben mit g und k verlängern

Manchmal hören sich **g** und **k** in Verben gleich an:
er fragt, sie denkt.
Bei Verben mit **b** und **p** hört man den Unterschied auch kaum:
er lebt, sie hupt.
Wenn ich die Wörter verlängere, höre ich, welchen Buchstaben ich schreiben muss: wir fragen, wir denken.

1 Bilde aus den Verben die Er- oder Sie-Form.
Markiere **g** oder **k**.

singen | denken | sagen

danken | bringen

fragen | legen | zeigen

H. 2, S. 44, 1
fragen – er fragt
...

2 Suche die Wir-Form und entscheide: **g** oder **k**.

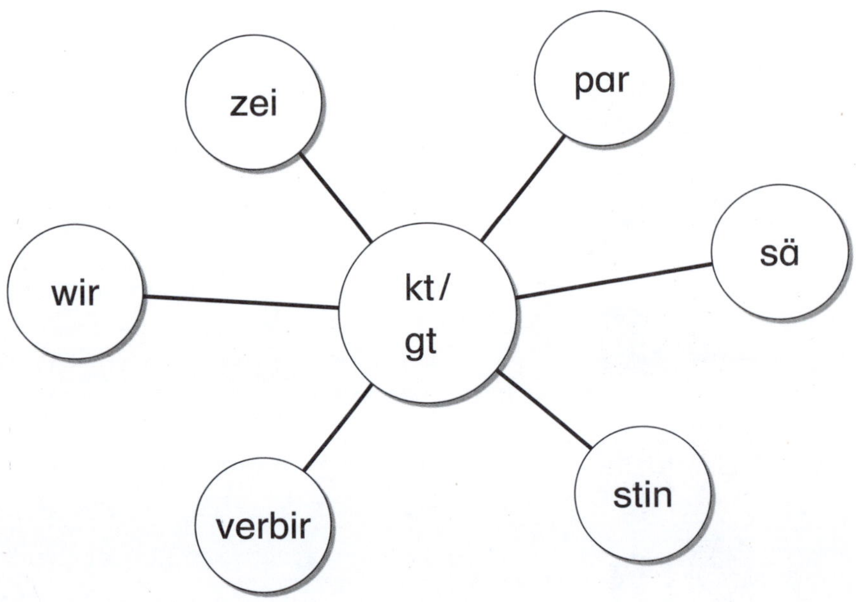

H. 2, S. 44, 2
zeigt – wir zeigen
...

sagen, er sagt
singen, er singt
denken, sie denkt
danken, es dankt
bringen, er bringt
fragen, sie fragt
legen, es legt
zeigen, er zeigt

7 Verben mit b und p verlängern

1 Suche dir ein Partnerkind. Lest die Sätze.
Entscheidet gemeinsam: **b** oder **p**.

a) Tim schrei*t einen Brief.

b) Lisa blei*t heute zu Hause.

c) Das Vögelchen pie*t leise.

d) Anna ü*t Geige.

e) Anton gi*t Jussuf einen Apfel.

2 Suche dir Verben aus. Bilde Sätze.

hu*en	le*en	schwe*en
tra*en	hum*eln	…

3

schreiben, er schreibt
bleiben, sie bleibt
geben, es gibt
leben, sie lebt
üben, er übt

7 Adjektive verlängern

↪

Auch bei Adjektiven hört sich **d** und **t** am Wortende oft gleich an:
bunt, rund.
Wenn ich sie verlängere, höre ich, welchen Buchstaben ich schreiben muss: der bunte Ball, der runde Ball.

1 Verlängere die Wörter.

a) Obst ist gesun* ↪ das gesun*e Obst

b) Der Rock ist bun* ↪ der bun*e Rock

c) Die Musik ist lau* ↪ die lau*e Musik

d) Die Sprache ist frem* ↪ die frem*e Sprache

e) Die Feder ist leich* ↪ die leich*e Feder

f) Das Buch ist gu* ↪ das gu*e Buch

H. 2, S. 46, 1
a) das gesunde Obst
b) ...

2

gesund, gesunde
gelb, gelbe
weit
laut
leicht
gut

7 Ein Strategiespiel spielen

1 **Du brauchst:** Spielsteine auf START, Würfel

Spielanleitung: Suche dir ein Partnerkind. Würfle.
Ziehe um die gewürfelte Zahl.
Kommst du auf ein -, - oder -Feld, überlege, welches Wort dir beim Schreiben hilft. Rücke dorthin.
Kommst du auf ein gelbes Feld, suche das passende -, - oder -Feld. Ziehe dorthin.

Spielende: Wer als Erster auf ZIEL ist, hat gewonnen.

p/b d/t g/k

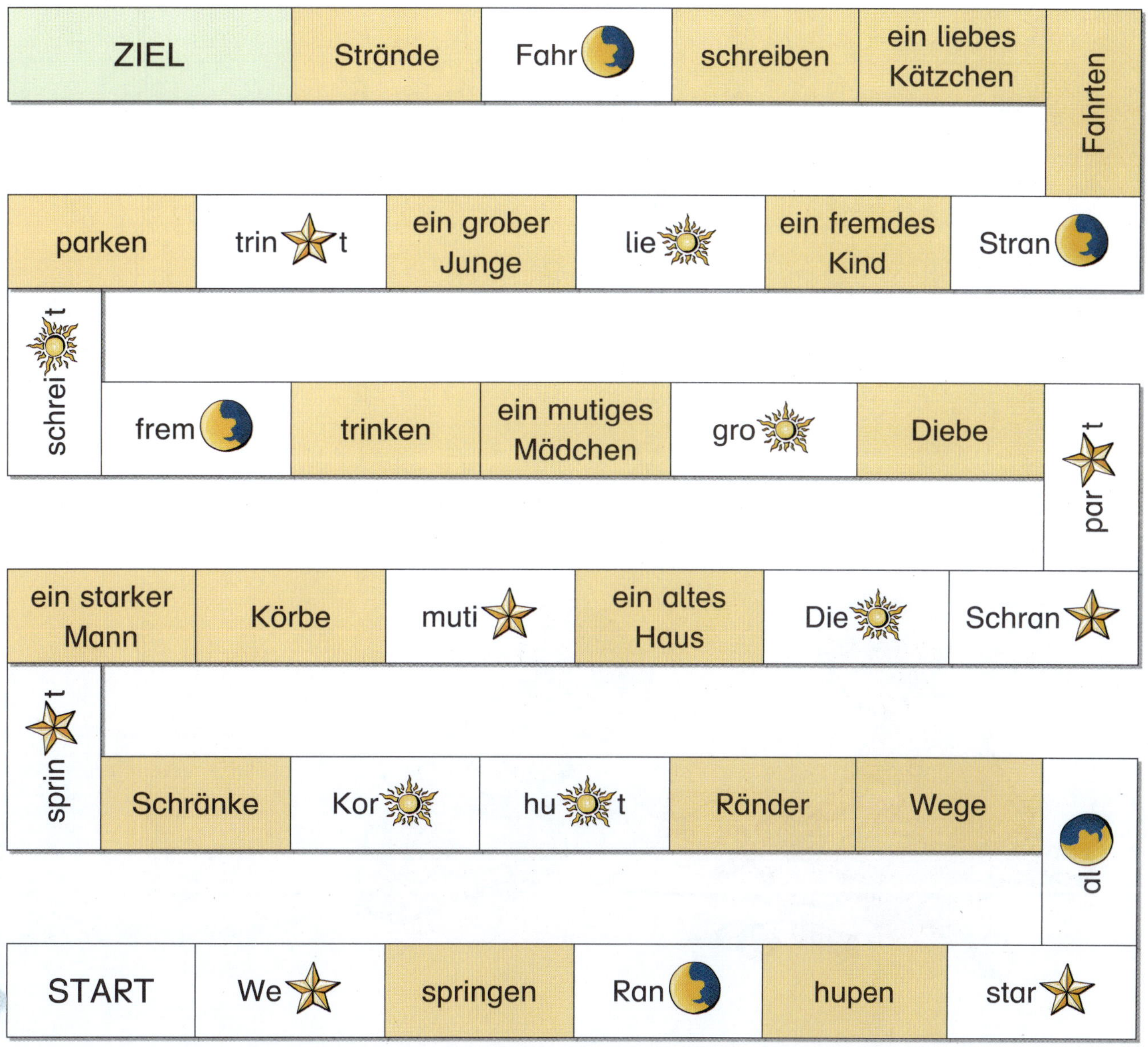

M

8 Besondere Wörter schreiben

1 Suche alle Wörter. Schreibe sie auf.
Markiere die Aufpassstelle.

H. 2, S. 48, 1
Cent, ...

C	E	N	T	R	**Q**	U	E	L	L	E	R
M	N	J	Z	C	R	M	F	V	T	E	R
O	L	L	M	**C**	O	M	P	U	T	E	R
W	A	**B**	A	B	Y	E	F	V	B	C	Y
D	S	A	R	W	G	H	J	K	K	M	N
S	X	V	B	N	**H**	E	X	E	L	T	B
C	L	O	W	N	S	R	F	L	I	Z	V
R	Q	D	V	S	F	L	I	Z	Ö	U	D
K	V	W	**Q**	U	A	D	R	A	T	I	T
Z	Q	C	Ü	**Q**	U	A	T	S	C	H	Z

2

die Quelle
der Computer
das Baby
der Cent
der Clown
der Quatsch
die Hexe
das Quadrat

→ AH Seite 61

8 Wörter mit ai kennen lernen

Wenn ich den Laut **ai** höre, schreibe ich normalerweise **e-i**:
die Reise, die Zeit, das Ei.
Es gibt nur sehr wenige Wörter, bei denen ich den Laut **ai** höre und **a-i** schreibe: der Mais, der Hai, der Monat Mai, der Kaiser.
Diese Wörter muss ich mir merken.

1 Schreibe zu den Lernwörtern im blauen Kasten Sätze. Diktiere sie einem Partnerkind. Überprüft eure Rechtschreibung.

H. 2, S. 49, 1
Der Hai ist …

2 Ordne mit einem Partnerkind die richtige Bedeutung den **ei-** und **ai-**Wörtern zu. Schreibt das ai-Wort mit seiner Bedeutung auf.

H. 2, S. 49, 2
Laib: …

Leib: Laib:	runde Form Brot oder Käse Körper eines Lebewesens
Saite: Seite:	Teil einer Gitarre oder Geige Teil eines Buches
weise: Waise:	klug und erfahren Kind ohne Eltern

3 Lisa gefällt die Schreibung mit **ai** nicht. Lest, was sie sagt. Überlegt in der Gruppe, wie ihr sie beruhigen könnt. Lest dazu nochmals die Tafel.

der Mai
der Hai
der Kaiser

8 Monatsnamen und Jahreszeiten schreiben

M

1 Schreibe die Monate in der richtigen Reihenfolge in dein Heft.

H. 2, S. 50, 1
Januar, Februar, ...

Januar	Juni	März		
Oktober	April	November	Februar	August
Dezember	Juli	Mai	September	

2 Ergänze die passende Jahreszeit.
Schreibe die Sätze in dein Heft.

H. 2, S. 50, 2
a) Im Frühling ...

a) Im ▢ werden viele Tiere im Zoo geboren.

b) Im ▢ kann ich meine Freunde im Schwimmbad treffen.

c) Im ▢, wenn es schneit, fahren wir Schlitten.

d) Im ▢ lasse ich Drachen steigen.

der Mai
der Frühling
der Winter
der Sommer
das Jahr

8 Zahlwörter schreiben

1 Schreibe zur Zahl das passende Zahlwort.

H. 2, S. 51, 1
0: null, 1: eins, ...

0	5	10	60
1	6	20	70
2	7	30	80
3	8	40	90
4	9	50	100

eins | null | sieben | fünfzig | neunzig

vierzig | sechs | zwanzig | zwei | acht

drei | einhundert | zehn | achtzig | sechzig

dreißig | neun | siebzig | vier | fünf

9 Wörter mit ck zusammensetzen und schreiben

① Setze die Silben zusammen.
Schreibe die Wörter in dein Heft.
Achte auf die Groß- und Kleinschreibung.

H. 2, S. 52, 1
backen, Ho...

BA	HO	DRE	RÜ	SO
cker	ckig	cken	cke	ck

    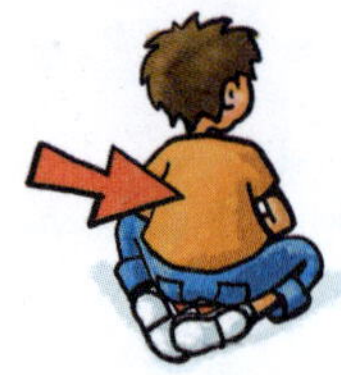

② Vergleiche mit einem Partnerkind das Ergebnis von ①.
Zählt, wie viele Wörter ihr gefunden habt.

③ Setze die passenden Wörter in die Lücken ein.
Schreibe die Wörter in dein Heft.

H. 2, S. 52, 3
A frühstücken, B ...

dick	meckert	Rock	frühstücken
Zucker	Bäcker	Schnecke	Stück

Marie und Mama A zusammen. Mama hat Schnecken vom B mitgebracht.
Marie stopft eine halbe C auf einmal in den Mund. Ein D fällt auf ihren neuen E. Mama F: „Oh, dein Gesicht ist voll G!" „Zu viel Zucker macht sowieso nur H!", sagt Marie und grinst Mama an.

dick
backen

9 Wörter mit tz schreiben

So schreibe ich ein Schleichdiktat:
1. Ich lege den Text an eine Stelle und merke mir einen Satz.
2. Ich gehe an meinen Platz zurück und schreibe den Satz auf.
3. Ich schreibe alle Sätze genauso auf.
4. Ich hole den Text und kontrolliere.
5. Ich berichtige die Fehler.

1 Schreibe die acht Wörter mit **tz** in dein Heft.
Übe dann den Text als Schleichdiktat.

H. 2, S. 53, 1
Katze, ...

Toms Ka✶e ist noch klein.

Aber ihre Ta✶en haben schon scharfe Krallen.

Damit kann sie ganz schön kra✶en.

Manchmal kämpft sie mit Toms Mü✶e.

In großen Sä✶en springt sie durch das Haus.

Sie si✶t gerne am Fenster.

Aber ihr Lieblingspla✶ ist Toms Bett.

Nachts ki✶elt sie ihn mit ihren Schnurrhaaren.

2

der Satz, die Sätze
die Katze
sitzen, sie sitzt

→ AH Seite 67

9 Wörter mit ß schreiben

M

1

⚀	1 Der Fußball	A schlängelt sich durch den Wald.	⚀
⚁	2 Die Straße	B fliegt ins Tor.	⚁
⚂	3 Der Riese	C ist riesengroß.	⚂
⚃	4 Der Schnee	D duftet fein.	⚃
⚄	5 Der Drache	E glitzert weiß und ist kalt.	⚄
⚅	6 Der Blumenstrauß	F spuckt heißes Feuer.	⚅

2 Schreibe die passenden Sätze auf.
Markiere **ß**.

H. 2, S. 54, 2
Der Fußball fliegt ins Tor.
...

3 Finde weitere Wörter mit **ß**.
Diktiere sie einem Partnerkind.

der Fuß
groß

→ AH Seite 68

9 Wörter mit ß einsetzen

M

1 Ergänze die Sätze sinnvoll.
Schreibe den Text in dein Heft.

H. 2, S. 55, 1
Tim und Lisa …

Fußball	Spaß	heiß
schießt	gießt	barfuß

Tim und Lisa spielen A. Lisa B ein Tor nach dem anderen. Tim hat schließlich keine Lust mehr.

„Das Spiel macht mir keinen C und außerdem ist es einfach zu heiß!“, meckert er.

Auch dem Großvater ist es zu D. Er trägt ein weißes Hemd und sitzt E unter einem großen Sonnenschirm.

Lisa hat eine Idee: Sie nimmt die Gießkanne und füllt sie mit kaltem Wasser. Dann schleicht sie sich an Opa heran und F ihm das Wasser über die Füße.

Wörter mit stummem h schreiben

In manchen Wörtern kann ich den Buchstaben **h** nicht hören:
die Uhr, das Jahr.
Diese Wörter muss ich mir merken.

1 Lies die Wörter laut.
Höre genau auf den langen Vokal.
Schreibe die Wörter auf
und markiere die Aufpassstelle.

H. 2, S. 56, 1
Zahl, …

Zahl | Gefahr | Frühling | lahm

Bahn | gehen – er geht | zählen

Zahn | Uhr | zahlen | Höhle

2 Schreibe die Wörter geordnet nach
-ah-, -oh-, -uh- und -eh- auf.

H. 2, S. 56, 2
ah: Fahne …
oh: Lohn …

Fahne | Lohn | Gefahr

Fehler | Sahne

Wahl | Sohn | Bohrer

Uhr | Huhn

Stuhl | Mehl | Lehrer

der Zahn, die Zähne
zahlen
die Uhr
gehen, sie geht
zählen
Zahl

→ AH Seite 69

Wörterliste

A a  

der **Abend,** die Abende
aber
achtzig
der **Affe,** die Affen
alle
als
also
am
die **Ameise,** die Ameisen
die **Ampel,** die Ampeln
die **Amsel,** die Amseln
die **Angel,** die Angeln
die **Angst,** die Ängste
antworten, er antwortet
der **Apfel,** die Äpfel
der **April**
arbeiten, sie arbeitet
der **Arm,** die Arme
der **Ast,** die Äste
auf
die **Aufgabe,** die Aufgaben
das **Auge,** die Augen
der **August**
aus
das **Auto,** die Autos
die **Axt,** die Äxte

B b 

das **Baby,** die Babys
backen, er bäckt/backt
baden, sie badet
der **Ball,** die Bälle
die **Bank,** die Bänke
der **Baum,** die Bäume
bei
der **Berg,** die Berge
die **Biene,** die Bienen
das **Bild,** die Bilder
die **Birne,** die Birnen
das **Blatt,** die Blätter
blau
bleiben, er bleibt
die **Blume,** die Blumen
die **Blüte,** die Blüten
böse
brauchen, sie braucht
braun
der **Brief,** die Briefe
bringen, er bringt
das **Brot,** die Brote
der **Bruder,** die Brüder
der **Bub,** die Buben
das **Buch,** die Bücher
bunt

C c

der **Cent,** die Cents
das **Chamäleon,** die Chamäleons
der **Clown,** die Clowns
der **Computer,** die Computer

D d

da
der **Dalmatiner,** die Dalmatiner
danken, sie dankt
das
der **Daumen,** die Daumen
denken, er denkt
der
des
dich
dick
die
der **Dinosaurier,** die Dinosaurier
dir
doch
die **Dose,** die Dosen
der **Drache,** die Drachen
du
dunkel
durch
dürfen, sie darf

E e

das **Ei,** die Eier
das **Eis**
das **Ende,** die Enden
eng
die **Ente,** die Enten
er
es
der **Esel,** die Esel
die **Eule,** die Eulen
der **Euro,** die Euros

F f

die **Feder,** die Federn
fein
das **Fenster,** die Fenster
finden, er findet
der **Fisch,** die Fische
fragen, sie fragt
die **Frau,** die Frauen
der **Freund,** die Freunde
frisch
der **Frühling**
das **Futter**
der **Füller,** die Füller
für
der **Fuß,** die Füße

G g 

die **Gabel,** die Gabeln
der **Garten,** die Gärten
das **Gedicht,** die Gedichte
geben, er gibt
gehen, sie geht
gelb, gelbe
das **Gemüse**
das **Gesicht,** die Gesichter
gesund, gesunde
der **Gipfel,** die Gipfel
gleich
das **Gold**
das **Gras,** die Gräser
groß
grün
gut

H h 

haben, er hat
der **Hai,** die Haie
der **Hals,** die Hälse
der **Hase,** die Hasen
das **Haus,** die Häuser
das **Heft,** die Hefte
her
heute
die **Hexe,** die Hexen
der **Himmel,** die Himmel
hinter
hoch
holen, sie holt
hören, er hört
die **Hose,** die Hosen
der **Hund,** die Hunde
hundert
der **Hunger**
die **Hummel,** die Hummeln
hüpfen, sie hüpft
der **Hut,** die Hüte

I i  

ich
die **Idee,** die Ideen
der **Igel,** die Igel
ihm
ihr
im
immer
der **Indianer,** die Indianer
der **Inhalt,** die Inhalte
die **Insel,** die Inseln
interessant
er **ist**

J j 

ja
die **Jacke,** die Jacken
jagen, sie jagt
das **Jahr,** die Jahre
der **Januar**
jeder
der **Joghurt,** die Joghurts
jubeln, er jubelt
jung
der **Junge,** die Jungen

K k 

der **Kaiser,** die Kaiser
die **Katze,** die Katzen
kennen, sie kennt
die **Kerze,** die Kerzen
das **Kind,** die Kinder
die **Kiste,** die Kisten
die **Klasse,** die Klassen
das **Kleid,** die Kleider
klein
klug
der **Knoten,** die Knoten
können, sie kann
der **Kopf,** die Köpfe
krank

L l 

laufen, er läuft
laut
leben, sie lebt
legen, er legt
leicht
leise
lernen, sie lernt
die **Leute**
lieben, er liebt
liegen, sie liegt
der **Löwe,** die Löwen

M m 

machen, er macht
das **Mädchen,** die Mädchen
der **Mai**
malen, sie malt
der **Mantel,** die Mäntel
der **März**
der **Marienkäfer,** die Marienkäfer
die **Maus,** die Mäuse
das **Messer,** die Messer
mich
mit
müssen, er muss
die **Mutter,** die Mütter

N n 

nach

die **Nadel,** die Nadeln

der **Name,** die Namen

das **Nashorn,** die Nashörner

der **Nebel,** die Nebel

nein

neu

nicht

nun

O o  

oder

der **Ofen,** die Öfen

der **Oktober**

die **Oma,** die Omas

der **Onkel,** die Onkel

der **Opa,** die Opas

der **Ordner,** die Ordner

P p 

der **Partner,** die Partner

das **Pferd,** die Pferde

die **Pflanze,** die Pflanzen

pflegen, sie pflegt

der **Pinguin,** die Pinguine

der **Pinsel,** die Pinsel

Q q 

das **Quadrat,** die Quadrate

quaken, er quakt

die **Qualle,** die Quallen

der **Quatsch**

die **Quelle,** die Quellen

quer

R r 

der **Rabe,** die Raben

die **Raupe,** die Raupen

rechnen, sie rechnet

reden, er redet

der **Regen**

reisen, sie reist

der **Ring,** die Ringe

rollen, er rollt

der **Roller,** die Roller

rot

rufen, sie ruft

S s 

sagen, er sagt

das **Salz**

der **Satz,** die Sätze

das **Schaf,** die Schafe

scheinen, sie scheint

die **Schere,** die Scheren
schlafen, er schläft
schneiden, sie schneidet
schon
schön
schreiben, er schreibt
der **Schuh,** die Schuhe
die **Schule,** die Schulen
schwarz
die **Schwester,** die Schwestern
die **Seife,** die Seifen
sein, er ist, sie sind
sie
sieben
sie **sind**
singen, sie singt
sitzen, er sitzt
so
sollen, sie soll
der **Sommer**
die **Sonne,** die Sonnen
sparen, er spart
spielen, sie spielt
der **Sport**
sprechen, er spricht
der **Stein,** die Steine
der **Stern,** die Sterne
die **Stunde,** die Stunden
suchen, sie sucht

T t

die **Tafel,** die Tafeln
der **Tag,** die Tage
die **Tante,** die Tanten
die **Tasche,** die Taschen
das **Telefon,** die Telefone
das **Tier,** die Tiere
der **Tiger,** die Tiger
der **Tisch,** die Tische
die **Tomate,** die Tomaten
tragen, es trägt
trinken, er trinkt
tun, sie tut
turnen, er turnt

U u

üben, sie übt
über
die **Uhr,** die Uhren
um
und
der **Unfall,** die Unfälle
uns
unten

V v  

der **Vampir,** die Vampire
die **Vase,** die Vasen
der **Vater,** die Väter
vergessen, sie vergisst
viel
der **Vogel,** die Vögel
voll
vor
der **Vulkan,** die Vulkane

W w 

der **Wal,** die Wale
warten, er wartet
was
das **Wasser**
der **Weg,** die Wege
weil
weit
weiter
wer
die **Wiese,** die Wiesen
der **Wind,** die Winde
der **Winter**
wir
wo
die **Woche,** die Wochen
der **Wolf,** die Wölfe
die **Wolke,** die Wolken
wollen, sie will
das **Wort,** die Wörter
wünschen, er wünscht
die **Wurzel,** die Wurzeln

Z z 

die **Zahl,** die Zahlen
zahlen, sie zahlt
zählen, er zählt
der **Zahn,** die Zähne
das **Zebra,** die Zebras
zeigen, sie zeigt
die **Zeit,** die Zeiten
die **Ziege,** die Ziegen
zwei

Einsterns Schwester 2

Grundschule Bayern

Themenheft 2
Richtig schreiben

Herausgegeben von: Roland Bauer, Jutta Maurach

Erarbeitet von: Ulrike Schmucker, Schrobenhausen

Auf der Grundlage der Ausgabe von: Katrin Baudendistel, Daniela Dreier, Alexandra Schwaighofer

Unter Beratung von: Enno Hörsgen, Langerringen;
Dr. Klaus Metzger, Gersthofen;
Dr. Helga Rolletschek, Brunnthal;
Prof. Dr. Angelika Speck-Hamdan, München

Unter Begutachtung von: Sandra Kroll-Gabriel, Ingolstadt

Redaktion: Anemone Fesl

Illustration: Yo Rühmer, Frankfurt am Main

Umschlaggestaltung: corngreen, Leipzig

Layout und technische Umsetzung: lernsatz.de

www.cornelsen.de

1. Auflage, 4. Druck 2016

Alle Drucke dieser Auflage sind inhaltlich unverändert
und können im Unterricht nebeneinander verwendet werden.

ISBN 978-3-06-083590-4

Dieses Heft ist Bestandteil des Pakets „Einsterns Schwester 2" (ISBN 978-3-06-083438-9) und kann auch einzeln bestellt werden.

Inhalt gedruckt auf säurefreiem Papier aus nachhaltiger Forstwirtschaft.